DATE DUE

BRODART   Cat. No. 23-221

THE
BARBER OF SEVILLE

Gioacchino Rossini

THE
BARBER OF SEVILLE

in Full Score

DOVER PUBLICATIONS, INC., NEW YORK

Published in Canada by General Publishing Company, Ltd.,
30 Lesmill Road, Don Mills, Toronto, Ontario.
Published in the United Kingdom by Constable and Company, Ltd.

This Dover edition, first published in 1989, is a republication
of *Il Barbiere di Siviglia,*
originally published by G. Ricordi, Milan, n.d.
We are grateful to the Music Library of Wellesley College
for the loan of the score for reproduction.

Manufactured in the United States of America
Dover Publications, Inc.
31 East 2nd Street
Mineola, N.Y. 11501

Library of Congress Cataloging-in-Publication Data

Rossini, Gioacchino, 1792–1868.
[Barbiere di Siviglia]
The barber of Seville.

Opera.
Italian words.
Libretto by Cesare Sterbini, based on: Le barbier
de Séville / Beaumarchais.
Reprint. Originally published: Milan : G. Ricordi.
1. Operas—Scores.   I. Sterbini, Cesare, 1783–1851.
II. Beaumarchais, Pierre Augustin Caron de, 1732–1799.
Barbier de Séville.   III. Title.
M1500.R86B234   1989   89-750898
ISBN 0-486-26019-4

CONTENTS

Act One

Act Two

Il Barbiere di Siviglia

(originally *Almaviva, ossia L'Inutile Precauzione*)

Commedia in two acts

Libretto by Cesare Sterbini

based on *Le Barbier de Séville* by Pierre-Augustin Beaumarchais

Music by Gioacchino Rossini

CHARACTERS

Count Almaviva [Conte]	Tenor
Figaro, a barber	Baritone
Rosina, ward of Dr. Bartolo	Soprano
Dr. Bartolo, a physician	Basso buffo
Basilio, a music teacher	Bass
Fiorello, Count Almaviva's servant	Baritone
Berta, Dr. Bartolo's old housekeeper	Soprano
Ambrogio, Dr. Bartolo's servant	Bass
Street Musicians [Suonatori di strumenti]	Tenors, Basses
Officer [Uffiziale]	Bass
Soldiers [Soldati]	Tenors, Basses

INSTRUMENTATION

2 Flutes [Flauti, Fl.]
   (= 2 Piccolos [Ottavini, Ott.])
2 Oboes [Oboi, Ob.] (Ob. II used only in Sinfonia)
2 Clarinets (C,A,B♭) [Clarinetti in *Do, La, Si*♭; Cl.]
2 Bassoons [Fagotti, Fg.]

2 Horns (E,G,C,D,E♭,F) [Corni in *Mi, Sol, Do, Re, Mi*♭, *Fa*; Cr.]
2 Trumpets (A,C,D,E♭,B♭) [Trombe in *La, Do, Re, Mi*♭, *Si*♭; Trb.]
3 Trombones [Tromboni, Trbn.] (Trbn. III used only in Sinfonia)

Timpani [Tp.] (used only in Sinfonia)
Sistro [Sis.]
Bass Drum [G. Cassa, G.C.]

Harpsichord (Piano) [Pf.]

Guitar [Chitarra, Ch.]

Violins I, II [Violini, Vni]
Violas [Viole, Vle]
Cellos [Violoncelli, Vc.]
Basses [Contrabbassi, Cb.]

IL BARBIERE DI SIVIGLIA

SINFONIA

6

10

13

14

ATTO PRIMO

Il momento dell'azione è sul terminare della notte. La scena rappresenta una piazza nella città di Siviglia. A sinistra è la casa di Bartolo, con ringhiera praticabile circondata da gelosia.

INTRODUZIONE
«CONTE - FIORELLO e CORO»

Fiorello, con lanterna nelle mani, introducendo sulla scena vari suonatori di strumenti. Indi il conte avvolto in un mantello.

CAVATINA
«CONTE»

38

SEGUITO E STRETTA DELL' INTRODUZIONE
«CONTE - FIORELLO e CORO»

più di suo_ni io bi_ so gno ormai non ho.

Buona notte   a tutti quanti, più di vo_i che far non

so. Buona notte,   buona notte, più di vo_i   che far non so.

42

(I suonatori circondano il conte, ringraziandolo e baciandogli la mano e il vestito. Egli, indispettito per lo

strepito che fanno, li va cacciando. Lo stesso fa anche Fiorello.)

Mil.le gra_zie... mio si_gno_re... del fa_

Mil.le gra_zie.. mio si_gno_re... del fa_

46

48

49

51

Recitativo

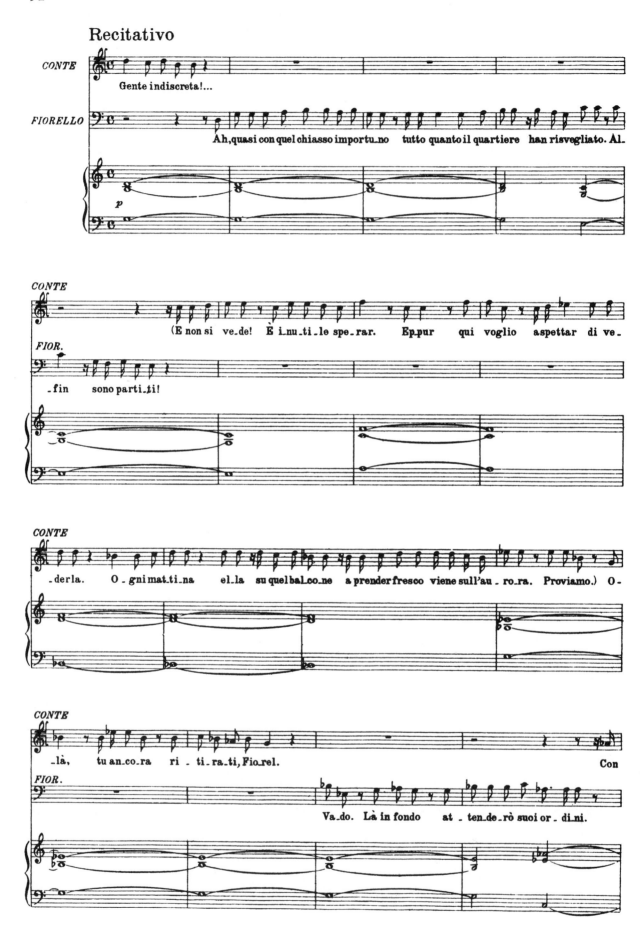

CONTE: Gente indiscreta!...

FIORELLO: Ah, quasi con quel chiasso importuno tutto quanto il quartiere han risvegliato. Al-

CONTE: (E non si vede! È inutile sperar. Eppur qui voglio aspettar di ve-

FIOR.: -fin sono partiti!

CONTE: -derla. Ogni mattina ella su quel balcone a prender fresco viene sull'aurora. Proviamo.) O-

CONTE: -là, tu ancora ritirati, Fiorel. Con

FIOR.: Vado. Là in fondo attenderò suoi ordini.

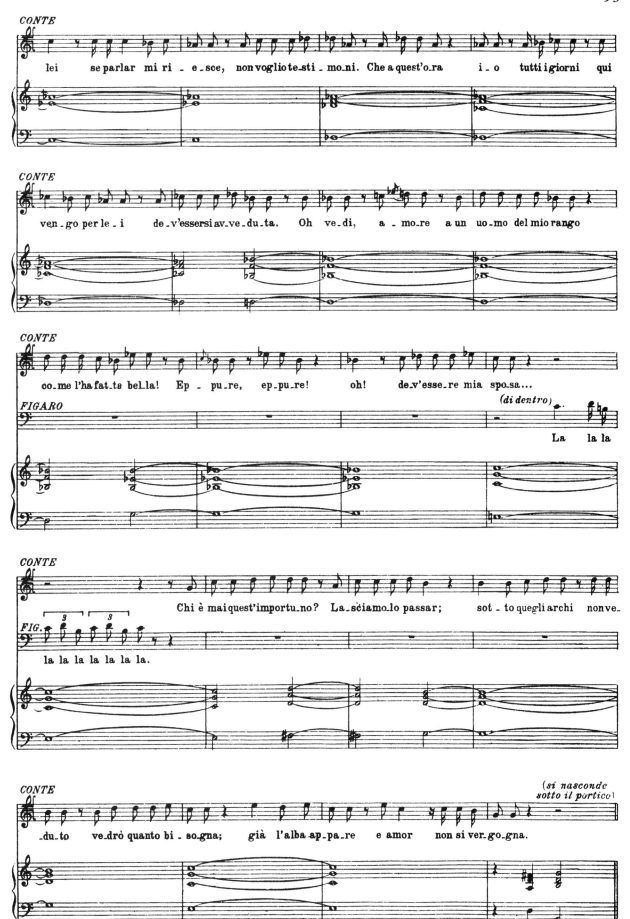

CONTE
lei se parlar mi ri—e—sce, non voglio te—sti—mo—ni. Che a quest'o—ra i—o tutti i giorni qui

CONTE
ven—go per le—i de—v'essersi av—ve—du—ta. Oh ve—di, a—mo—re a un uo—mo del mio rango

CONTE
co—me l'ha fat—ta bel—la! Ep—pu—re, ep—pu—re! oh! de—v'esse—re mia spo—sa...

FIGARO *(di dentro)*
La la la

CONTE
Chi è mai quest'importu—no? La—sciamo—lo passar; sot—to quegli archi non ve—

FIG.
la la la la la la la.

CONTE *(si nasconde sotto il portico)*
—du—to ve—drò quanto bi—so—gna; già l'alba ap—pa—re e amor non si ver—go—gna.

CAVATINA
«FIGARO»

56

57

59

Ott.

Fl.

Cl.
Do

Fg.

Cr.
Do

Trb.
Do

FIG.

la, la ran la, la ran la, la ran la, la ran la.

Vni

Vle

Vc.

Cb.

Ott.

Fl.

Cl.
Do

Fg.

Cr.
Do

Trb.
Do

FIG.

Pronto a far

Vni

Vle

Vc.

Cb.

tut _ to, la notte, il giorno, sempre d'intorno, in giro sta. Miglior cuo _ ca _ gna per un bar _ bie _ re, vi _ ta più

no _ bile, no, non si dà. La, la ran la, la ran la, la ran la, la ran la, la ran la, la ran la, la ran la.

68

giù, Figaro su, Figaro giu. Pronto prontis_si_mo son come il fulmi_ne, sono il fac_to _ tum della cit_

_tà, del_la cit_tà, del_la cit_tà, del_la cit_tà, del_la cit_tà.

del _ la cit_tà,___ del _ la _ cit _ tà,___ del _ la _ cit _ tà, del _ la _ cit _

_tà.

74

Recitativo

FIGARO: Ah ah! che bella vita! Faticar poco, divertirsi as sai, e in tasca sempre a ver qualche doblone... gran

FIG.: frut.to della mia ri.pu.ta zio.ne. Ec.co qua: senza Fi.garo non si accasa in Si.viglia u.na ra.gazza; a

FIG.: me la ve.do.vel.la ri . cor.re pel ma.ri.to: i . o colla scusa del pet.ti.ne di giorno, della chi

FIG.: .tarra col favor della notte, a tutti o.ne.stamente, non fo per dir, m'a datto a far piace.re. Oh che

CONTE: (È desso, o pur m'in.

FIG.: vi.ta, che vi.ta! oh che mestiere! Or.sù, presto a bot.te.ga...

CONTE: .gan.no?) (Oh è lui sen.z'altro!) Figa.ro!

FIG.: (Chi sa.rà mai co.stu.i..?) Mio pa.dro.ne... Oh! chi

CONTE
me.di.co barbogio che qua da pochi dì s'è stabi . li .to; io di questa inva.ghito, lasciai patria e pa.

CONTE
.ren.ti, e qua men venni. E qui la notte e il giorno pas.so gi . rando a que' bal.co.ni in.

CONTE
.torno.

FIG.
A que' balconi?.. un me.di.co? oh cospetto! siete ben fortu.na.to; sui macche.ro.ni il ca.cio v'è ca.

CONTE
Co_me?...

FIG.
.sca.to. Cer.to. Là dentro io son bar.bie.re, parrucchier, chi . rurgo, bo.ta.nico spe.

CONTE
Oh che sor.te!...

FIG.
.zial, ve.te.ri.nario, il faccendier di ca.sa. Non basta. La ra.gazza fi.glia non è del

CONTE
Oh! che consola.zione! Cos'è?

FIG.
medico è soltanto la sua pu.pilla!.. Perciò... Zitto!.. S'apre il bal.cone.

(si ritirano sot.to il portico)

CONTE: Po_vera disgrazia_ta! Il suo stato infe_li_ce sempre più m'in_te_ressa.

FIG.: Presto, pre_sto: vediamo cosa

CONTE: Ap_pun_to. Leg_gi. *(legge il biglietto)*

FIG.: scrive.

"Le vostre assidue premure hanno eccitata la mia curiosi-
tà. Il mio tutore è per uscire di casa; appena si sarà al-
lontanato, procurate con qualche mezzo ingegnoso d'indi-
carmi il vostro nome, il vostro stato e le vostre intenzioni.
Io non posso giammai comparire al balcone senza l'in-
divisibile compagnia del mio tiranno. Siate però cer-
to che tutto è disposta a fare, per rompere le sue ca-
tene, la sventurata Rosina.,,

CONTE: Sì, sì, le rompe_rà. Su, dimmi un poco: che razza d'uomo è questo suo tu_to_re?

FIG.: È un vecchio indemo-

FIG.: _niato, a_va_ro, sospet_to_so, brontolone... a_vrà cent'anni in dosso e vuol fare il ga_lante: Indovi_

CONTE: Che!

FIG.: _na_te? per mangiare a Ro_sina tutta l'eredi_tà s'è fitto in capo di vo_ler_la sposare. A_iu_to! S'apre la

FIG.: *(Figaro e il conte si ritirano in fretta)*
porta. *(parlando verso la porta)*

BART.: Fra momenti io torno; non a_prite a nes_su_no. Se don Basilio ve_nisse a ricercarmi, che m'a_

BART. *(chiude la porta di casa)*: _spet_ti. Le mie noz_ze con lei meglio è affrettare. Sì, dentr'oggi fi_nir vo' que_st'affare. *(parte)*

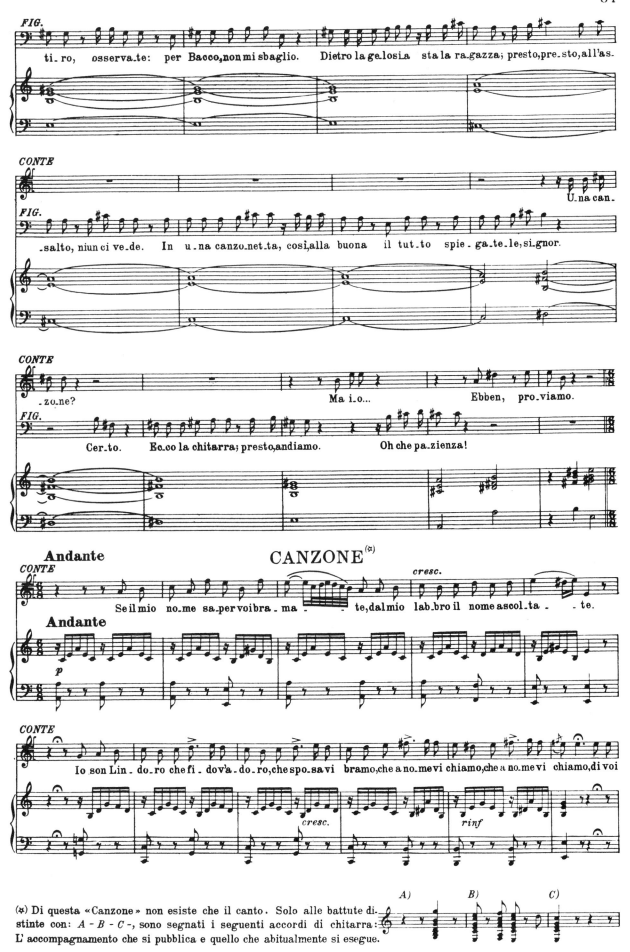

(✻) Di questa «Canzone» non esiste che il canto. Solo alle battute di-
stinte con: A - B - C -, sono segnati i seguenti accordi di chitarra:
L' accompagnamento che si pubblica e quello che abitualmente si esegue.

DUETTO
«CONTE - FIGARO»

men - te qual - che _ mo _ stro _ sin _ go - lar, sì, sin - go - lar, sì, sin - go -

lar, qual _ che _ mo - stro _ sin - go - lar.

92

94

98

alla mo_der_na,   v'è per in_se_gna   u_na lan_ter_na...   Là sen_za

fal_lo   mi tro_ve_rà.   Cinque par_ruc_che nella ve_tri_na, sopra un car_tel_lo:Pomata fi_na.Mostra in az_

Recitativo

FIORELLO

Ev_viva il mio pa_drone! Du_e o_re, ritto in pie', là come un palo mi fa aspet_tare e po_i... mi

FIOR.

pianta e se ne va. Cor_po di Bacco! brutta co_sa servir un pa_dron come questo. No_bile giovinotto e innamo_

FIOR.

_ra_to; questa vi_ta, co_spetto! è un gran tor_mento! Ah, durar_la co_sì non me la sento!

Camera nella casa di Bartolo. Di prospetto la finestra con gelosia.

CAVATINA
«ROSINA»

118

120

122

car, fa - ro gio - car, fa - ro gio - car.

Recitativo

126

ARIA
«BASILIO»

130

Dalla boc-ca fuori u - scendo,   lo schiamazzo va cre - scendo,

prende forza a poco a po-co,   vo-la già di loco in lo-co; sembra il tuono, la tem -

132

_pe_sta,che nel sen del_la fo _ re_sta va fischiando, bronto_lando, e ti fa d'orror ge _ lar.   Al _ la fin traboc_ca e

scop_pia, si propa _ ga, si rad_dop _ pia e   produ _ ce un'e_splo_sio_ne   come un colpo di can_

134

rale, un tremuoto, un tempo _ ra _ le che fa l'a _ ria rimbombar.   E il me _

_ schi _ no ca _ lun _ nia _ to,   av _ vi _ li _ to, cal _ pe _ sta _ to, sotto il pub _ bli _ co _ fla

BAS. _gel _ lo __ per __ gran sor _ te __ va a cre _ par. E il me_schi_no ca_lun_nia_to, av _vi _

BAS. _li _to, cal_pe_sta_to, sot_to il pub_bli_co fla_gel_lo per gran sor_te va a cre _ par.

_gello per gran sorte va a crepar, sì, va a cre _ par, sì, va a cre _ par, sì, va a cre _ par.

140

ROS. Sì, davvero?

Come sarebbe a dir?

FIG. Mangerem dei confetti.

Sarebbe a dire, che il vostro bel tu_

_tore ha stabilito esser dentro doman vostro marito.

Eh, via!

Oh, ve lo

giuro; a stender il contratto col maestro di musica là dentro s'è serrato.

Sì? oh,

l'ha sbagliata, affè! povero sciocco! l'avrà da far con me. Ma dite, signor Figaro, voi poco fa

sotto le mie finestre parlavate a un signore?...

Ah... un mio cugino. Un bravo giovinotto; buona

For_

_testa, ottimo cor; qui venne i suoi studi a compire e il poverin cerca di far fortuna.

DUETTO
«ROSINA-FIGARO»

Recitativo

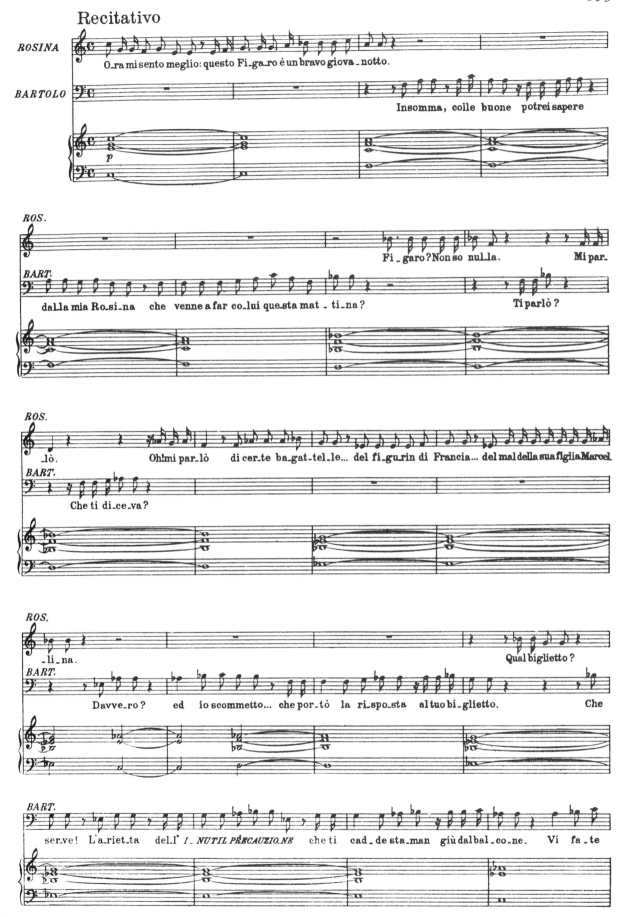

ROSINA: O_ra mi sento meglio: questo Fi_ga_ro è un bravo giova_notto.

BARTOLO: Insomma, colle buone potrei sapere dalla mia Ro_si_na che venne a far co_lui questa mat_ti_na?

ROS.: Fi_garo? Non so nul_la.

BART.: Ti parlò?

ROS.: Mi par_lò.

BART.: Che ti di_ce_va?

ROS.: Oh! mi par_lò di cer_te ba_gat_tel_le... del fi_gu_rin di Francia... del mal della sua figlia Marcel_li_na.

BART.: Davve_ro? ed io scommetto... che por_tò la ri_spo_sta al tuo bi_glietto.

ROS.: Qual biglietto?

BART.: Che serve! L'a_riet_ta dell' I_NUTIL PRECAUZIO_NE che ti cad_de sta_man giù dal bal_co_ne. Vi fa_te

ARIA
«BARTOLO»

-rar, un — po' me - glio a impo - stu-rar, un — po' — meglio, un po' meglio a impostu-

-rar.

I confetti alla ra-

ra __ te ch'io mi lasci infi __ noc __ chiar, no, figlia mia, non lo spe_ra __ te ch'io mi lasci infi __ noc __

_chiar. A un dottor della mia sorte que_ste scuse, si_gno __ rina, vi con_siglio, mia ca_rina, un po' meglio a impo_stu_

son disposto a per _ do _ nar. Non parla _ te? vi osti _ na _ te? non parla _ te? vi osti _

_ na _ te? so ben io quel che ho da far, so ben io quel che ho da far.

Signorina, un'altra volta quando Bartolo andrà fuori signorina, un'altra

volta quando Bartolo andrà fuori, la consegna ai servi_to_ri a suo modo far sa_prà.

Si_gnorina, un'altra volta quando Bar_tolo andrà fuori, si_gnorina, un'altra vol_ta quando Bartolo andrà

fuori, la consegna ai servi_tori a suo modo far sa_prà.

Ah! non servono le

smorfie, faccia pur la gatta morta, faccia pure, faccia pure, faccia pur la gatta morta.

_ti_na, sconso_la_ta, di_spe_ra_ta, sconso_la_ta, di_spe_ra_ta, in sua ca_me_ra ser_ra_ta, in sua ca_me_ra ser_

_rata, in sua camera ser_rata fin ch' io voglio star do_vrà.   Un dot_tor   del_la   mia

BART. sor _ _ te non si la _ scia in _ fi _ noc _ chiar, no,___ no, un dot_tor del_

BART. _la mia sor _ _ te non si la _ scia in _ fi _ noc _ chiar. E_Ro _ si_na inno_cen_

_ti_ - na, scon _ so _ la _ ta, di - spe _ ra _ ta, in sua ca _ me _ ra ser _ ra _ ta fin ch'io vo _ glio star do _

_ vrà,   fin   ch'io vo _ glio star___ do _ vrà,   fin___ch'io___vo _ glio star___ do _

_vrà, sì, fin ch'io vogliostardo_vrà, sì, fin ch'io vogliostardo_vrà,sì,stardo_vrà,sì,stardo_vrà,si,stardo_

(parte)

_vrà.

Recitativo

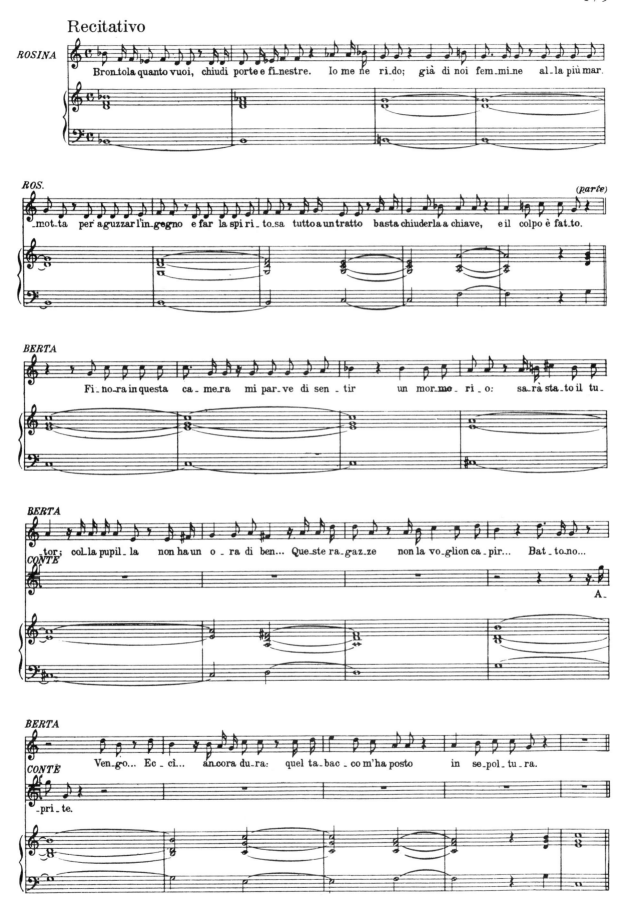

ROSINA: Brontola quanto vuoi, chiudi porte e finestre. Io me ne rido; già di noi femmine alla più mar-

ROS.: (parte)
_mot_ta per aguzzar l'in_gegno e far la spi_ri_to_sa tutto a un tratto basta chiuderla a chiave, e il colpo è fat_to.

BERTA: Fi_no_ra in questa ca_me_ra mi par_ve di sen _ tir un mor_mo_ri_o: sa_rà sta_to il tu_

BERTA: _tor; col_la pupil_la non ha un o_ra di ben... Que_ste ra_gaz_ze non la vo_glion ca_pir... Bat_to_no...

CONTE: A_

BERTA: Ven_go... Ec_ci... an_cora du_ra: quel ta_bac_co m'ha posto in se_pol_tu_ra.

CONTE: _pri_te.

FINALE I.
« ROSINA - BERTA - CONTE - FIGARO - BARTOLO - BASILIO e CORO »

Fl.

Ob.

Cl
Do

Fg.

ROS.

(Ei mi guarda, s'avvi _ ci _ na.)   (Oh ciel! che sen _ to!   ah, giu _ dizio, ah, giudizio per pie _

CONTE

_ten_to.)   *(piano a Rosina)*   Son Lindo _ ro.

Vni

Vle

Vc.

Cb.

Fl.

Cl.
Do

Fg.

a 2

ROS.

tà!)   Vado, vado, non gri

BART.

Signorina, che cer_cate?   Presto, presto, andate via.

Vni

Vle

Vc.

Cb.

196

206

209

216

222

(con gesto autorevole trattiene i soldati e presenta un foglio all'ufficiale, che alla lettura si sorpren-
de e subito ordina ai soldati di ritirarsi.)-Quadro di stupore-

226

228

STRETTA DEL FINALE I.

234

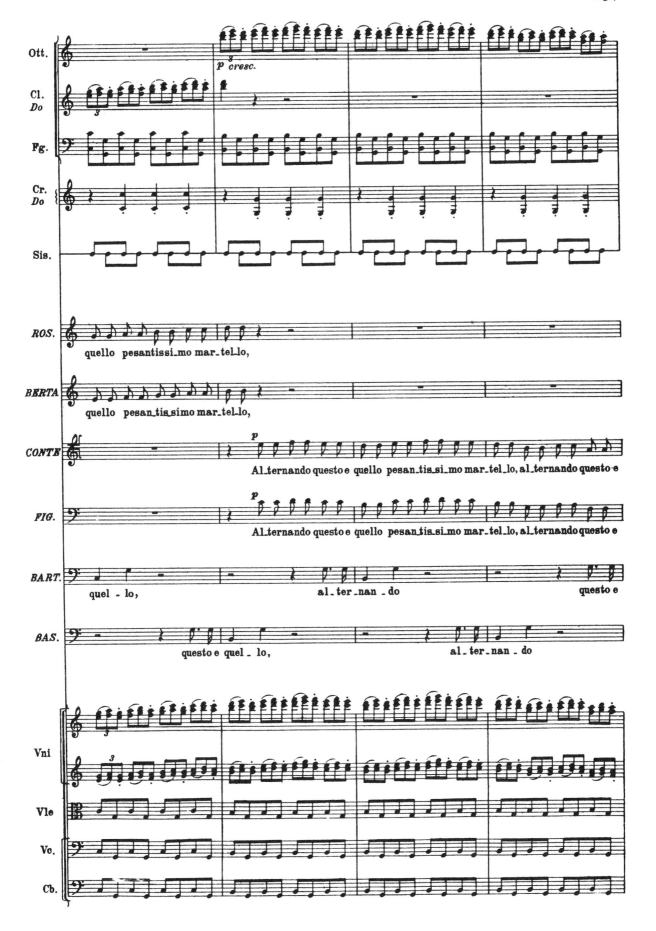

248

254

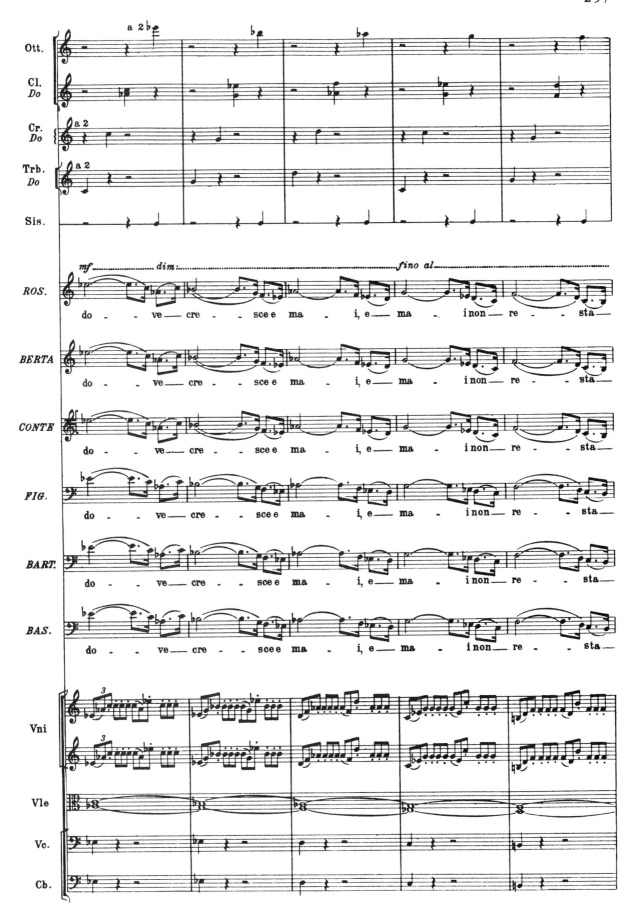

262

264

266

274

ATTO SECONDO

Camera ad uso studio in casa di Bartolo. Un pianoforte con sovra alcune carte di musica.

DUETTO
«CONTE - BARTOLO»

284

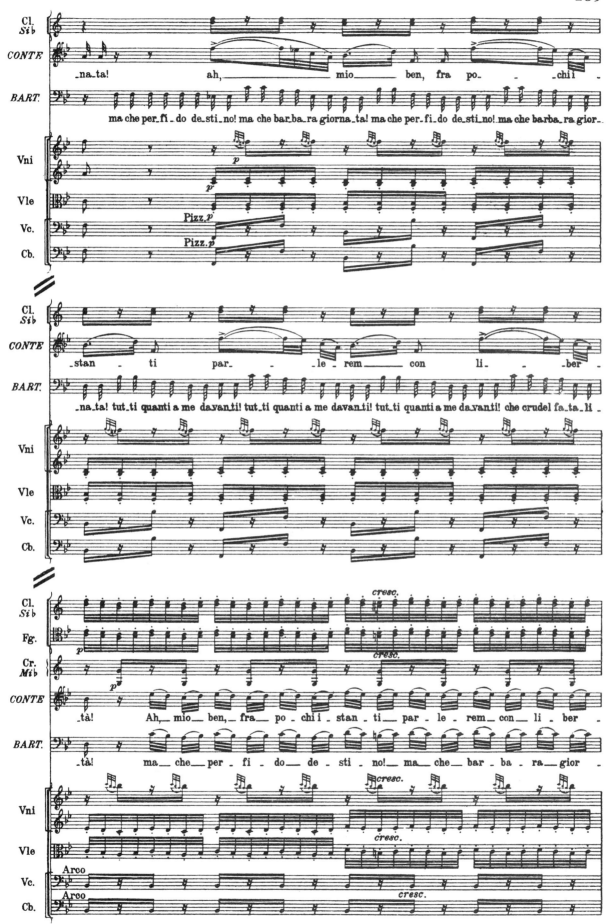

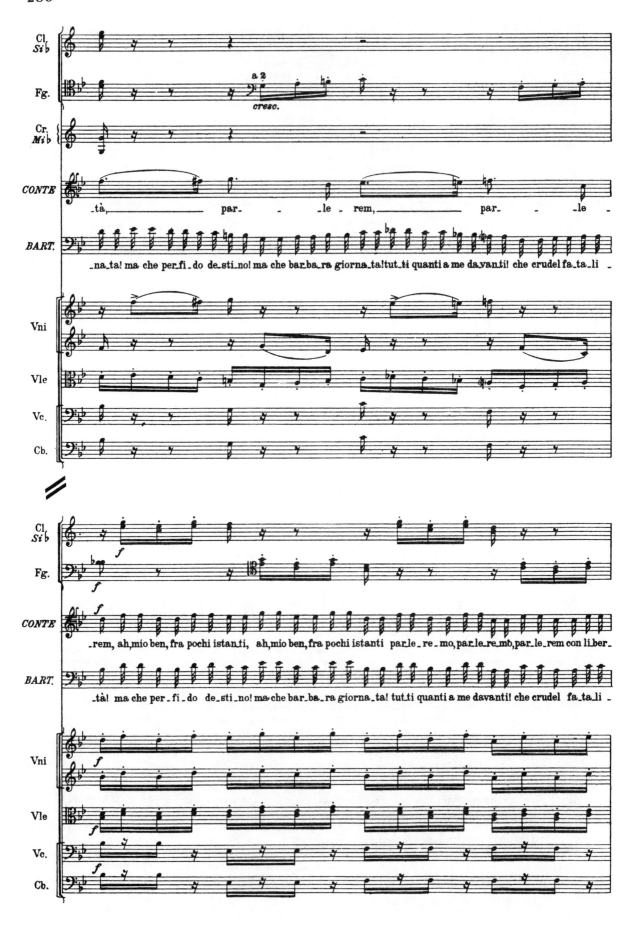

288

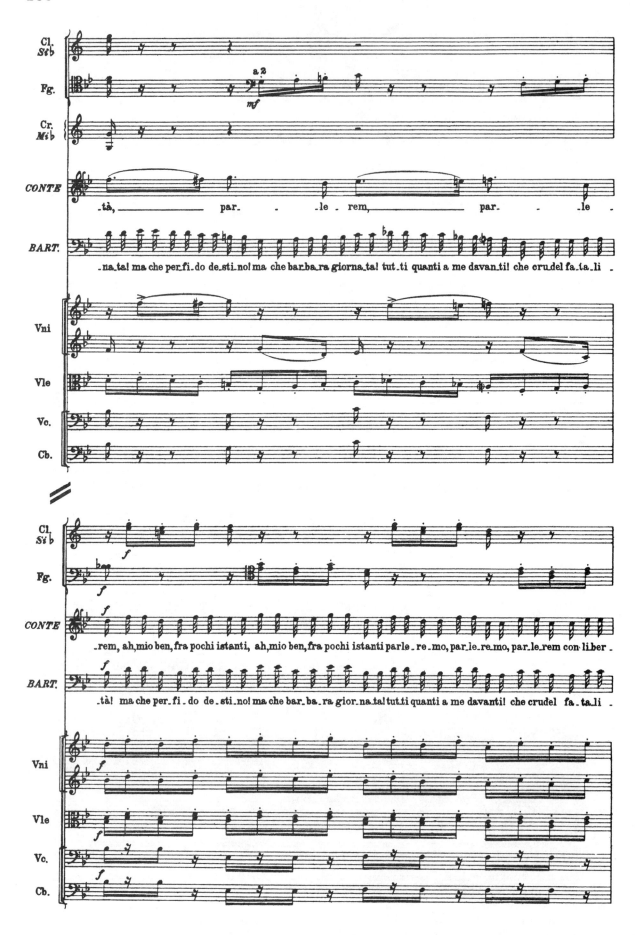

290

Recitativo

292

CONTE: gioco, e perciò...

BART: Piano un po_co. Una calunnia!.. Oh bravo! de_gno e vero sco_lar di don Basilio! Io sa_ *(lo abbraccia)*

BART: _prò, co_me me_ri_ta, ricompen_sar sì bel sug_ge_ri_mento. Vo a chiamar la ra_gazza; poichè tan_to per

CONTE: Non du_bi_ta_te. *(L'affa_re del bi_*

BART: me v'interessa_te, mi rac_comando a vo_i. *(entra nella camera di Rosina)*

CONTE: _glietto dalla boc_ca m'è u_sci_to non volen_do. Ma come far? Senza un tal ri_pie_go mi tocca_va andar

CONTE: vi_a come un baggiano. Il mio di_segno a le_i o_ra pa_le_se_rò; s'el_la acconsen_te, io

CONTE: son fe_li_ce ap_pie_no. Ec_co_la. Ah, il cor sen_to balzar_mi in se_no.)

ROSINA: *(vedendo il conte)* Ah!

BART: *(conducendo Rosina)* Ve_ni_te, signo_ri_na. Don Alonso, che qui ve_de_te, or vi da_rà le_zio_ne. Cos'è

DUETTO
«ROSINA - CONTE»

ROSINA

Contro un

ROS. cor che ac _ cen _ de a _ more di _ ve _ ra _ ce in vit _ to ar _ do _ _ re,

ROS. s'ar _ ma in van po _ ter ti _

ROS. _ran_ _ _ _no di ri_gor, di_ _ _ _cru_del_ _tà. D'ogni as_

ROS. _sal _ to_ vin _ ci _ to_re sem_pre a _ mo_re tri_on _ fe_rà.

Vivace

ROS. Ah, Lindoro, mio te_so_ro, se sapes_si, se ve_des_si! questo cane di tu_

Vivace

308

Recitativo

ARIETTA
«BARTOLO»

310

Recitativo

FIGARO: Eh, niente af_fat_to: scu_si, son de_bo_

BARTOLO: Bra_vo, signor barbie_re, ma bra_vo!

FIG: _lez_ze. Oh bel_la! vengo a far_vi la barba: oggi vi

BART: Eb_ben, gui_do_ne, 'che vieni a fa_re?

FIG: Oggi non vuol? Di_ma_ni non potrò i_o. Perchè ho da fare a

BART: Og_gi non voglio. Per_chè?

(lascia sul tavolino il ba_

cile e cava un libro di memorie)

FIG: tut_ti gli uf_fi_cia_li del nuo_vo reg_gimen_to, barba e te_sta... al_la marchesa Andro_nica il bioñdo parruc_

FIG: _chin coi maronè... al con_ti_no Bombè il ciuffo a cam_pa_ni_le... pur_gante all'av_vo_ca_to Bernar_

(riponendo in tasca il libro)

FIG: _do_ne che ie_ri s'amma_lò d'indi_gestione... e poi... e po_i... che ser_ve? do_man non

ROS.
cer_to: è la più nuo_va.

BART. (rientra)
(Ah, son pur buo_no a lasciar qua quel dia_vol di bar_bie_re!)

BART. (dando le chiavi a Figaro)
A_nimo, va tu stesso. Pas_sa_to il cor_ri_dor, sopra l'armadio il tut_to tro_ve_rai. Ba_da,

FIG.
Eh! non son matto. (Al_le_gri!) Va_do e tor_no. (Il col_po è

BART.
non toc_car nul_la.

CONTE
Mi

FIG.
fat_to.)

BART. (al conte)
È quel bric_con che al con_te ha porta_to il bi_glietto di Ro_si_na...

CONTE
sembra un imbroglion di pri_ma sfe_ra.

(si sente di dentro gran rumore, come di va_
sellame che si spezza)

BART.
Eh! a me non me la fic_ca... Ah, disgraziato me!

QUINTETTO
«ROSINA - CONTE - FIGARO - BARTOLO - BASILIO»

Fl.
Ob.
Cl. Sib
Fg.
Cr. Mib
FIG.
-spetta? que-sta barba be-ne-det-ta la fac-cia-mo, sì o no? que-sta barba la fac-ciamo, la fac-cia-mo, sì o
Vni
Vle
Vc.
Cb.
no?
(a Figaro)
(a Basilio)
BART.
O-ra vengo, o-ra vengo.
E... il cu-

318

rola. Don Basilio, son da voi, ascoltate un poco qua, son da voi, son da voi, ascoltate un poco qua.

(Io mi sento il cor tremar.)

Fate un po' ch'ei vada via, ch'ei ci scopra ho gran timore.

Non vi state a disturb

326

334

Ott.
Cl. Sib
a 2
Fg.
Cr. Mib
Trb. Sib
Sis.
G.C.
ROS.
-te-si già sia-mo, in-te-si già sia-mo, non vo' re-pli-ca-re, non vo' re-pli-car.) La
CONTE
-te-si già sia-mo, in-te-si già sia-mo, non vo' re-pli-ca-re, non vo' re-pli-car.) La
FIG.
-te-si già sia-mo, in-te-si già sia-mo, non vo' re-pli-ca-re, non vo' re-pli-car.) La
BART.
rab-bia, di sde-gno, di rab-bia, di sde-gno, di rab-bia, di sde-gno mi sen-to cre-par.
Vni
Vle
Vc.
Cb.
Cl. Sib
Fg.
Cr. Mib
ROS.
te-sta vi gi-ra, la te-sta vi gi-ra, ma zit-to, dot-to-re, ma zit-to, dot-to-re, la te-sta vi
CONTE
te-sta vi gi-ra, la te-sta vi gi-ra, ma zit-to, dot-to-re, ma zit-to, dot-to-re, la te-sta vi
FIG.
te-sta vi gi-ra, la te-sta vi gi-ra, ma zit-to, dot-to-re, ma zit-to, dot-to-re, la te-sta vi
BART.
Bric-co-ni! Bir-ban-ti!
Vni
Vle
Vc.
Pizz.
Cb.
Pizz.

356

358

ROS. ser_ve gri_dar, non ser_ve gri_dar.

CONTE ser_ve gri_dar, non ser_ve gri_dar.

FIG. ser_ve gri_dar, non ser_ve gri_dar.

BART. voglio accop_par, vi voglio accop_par.

(partono, eccetto Bartolo)

359

ARIA
«BERTA»

Fl.
Cl. La
Fg.
a 2
cresc.
BERTA
sen - - to, po.ve - rina, anch'io lo sen.to, nè so co.me fi.ni - rà, nè so
Vni
Vle
Vc.
Cb.
co.me fi.ni - rà, nè so co.me fi.ni - rà.
Oh vecchiaia ma.le - det.ta! son da tut.ti disprez.za.ta e vec.chietta dispe - ra.ta mi con.vien così cre -

368

Camera nella casa di Bartolo come nell'atto primo.

Recitativo

BART.
U_na nipo_te? Che ni_po_te? Il barbiere non ha ni_po_ti.... Ah qui v'è qualche imbroglio. Questa notte i bric_

BAS.
_po_te

BART.
_co_ni me la vo_glio_no far; pre_sto, il no_ta_ro qua ven_ga sull'i_stante... ec_co la

BART.
chiave del porto_ne: an_da_te, pre_sto, per ca_ri_tà.

BAS.
(parte)
Non teme_te: in due sal_ti io torno qua.

BART.
Per for_za o per a_mo_re Ro_sina avrà da ce_de_re. Co_spetto!... mi vien un'altra ide_a.

BART.(cava dalla tasca il biglietto datogli dal conte)
Que_sto biglietto che scrisse la ragaz_za ad Alma_vi_va potria servir... Che col_po da mae_stro! Don A_

BART.
_lonso, il bricco_ne, senza vo_lerlo mi die l'armi in mano. Eh_i! Ro_si_na, Ro_si_na, a_vanti, a_

370

TEMPORALE

378

(Dalla gelosia appaiono Figaro ed il conte avvolti in mantelli: il primo reca una lanterna accesa.)

380

Recitativo

TERZETTO
«ROSINA - CONTE - FIGARO»

Cl. Do

Fg.

Cr. Fa

ROS.

CONTE

FIG.

sottovoce

fanno fiasco,　　　fanno fiasco,

Vni

Vle

Vc.

Cb.

Fl.

Cl. Do

Fg.

Cr. Fa

Trb. Sib

FIG.

Ah! cospetto!che ho vedu_to,　cospet_to!che ho ve_du_to　allaporta　una lanter_na,　alla porta　u_na lan_

Vni

Vle

Vc.

Cb.

Recitativo

SCENA ED ARIA
«CONTE - BARTOLO e CORO»

CONTE: _rà, _____ più __ non trion_fe _ rà,trion_fe _ rà,trion_fe_rà, _____ più _ non tri _ on_fe_

_rà.

420

Recitativo

FINALE II.

ROSINA - BERTA - CONTE - FIGARO - BARTOLO - BASILIO e CORO

432